오름시인선 · 10

섬은 섬을 말하지 않는다

오름시인선 · 10
섬은 섬을 말하지 않는다

펴낸날 _ 2011년 8월 15일
지은이 _ 박종국
펴낸곳 _ 기획출판 오름
등록번호 _ 동구 제 364-1999-000006호
등록일자 _ 1999년 2월 25일
주소 _ 대전광역시 동구 삼성1동 122-2
전화 _ 042.637.1486
팩스 _ 042.637.1288
E-mail _ orumplus@hanmail.net

ISBN _ 978-89-90151-61-2

값 8,000원

섬은 섬을 말하지 않는다

| 박종국 시집 |

외송 박종국(外松 朴鍾國)시인

시인의 말

바다에 가서 섬을 거닐어 보아야지. 잠결이었는지 문득 눈을 뜨니 방안 가득 채운 달빛, 훤칠한 소나무가 언제부터 기웃기웃 들여다보고 있었을까?

얼핏 둘러보는 주변은 그 소나무와 같은 혈통을 지닌 족속들이 실상을 헤아리며 자신의 앞날을 가늠해보고 있던 것은 아닐까 싶은 마음이 들었다.

달빛마저 사라지고 앞쪽 아파트 고층에 달랑 불빛 하나가 등대처럼 걸려있다. 고요에 잠긴 어둠의 바다서 다시 섬을 찾아 잠 속으로 빠져들었다.

2011년 8월

버드내 초록마을 外松文房에서 朴 鍾 國

■ 차례

제1부

소나무와 달밤

제2부

섬은 바다를 떠나지 못한다

제3부

바다에 찍는 발자국

제4부

개불알꽃

제1부

소나무와 달밤

창가에 소나무가 달빛을 안고 우두커니 서 있었습니다
안쪽을 힐끔힐끔 들여다보고 있는 것입니다
왜 너마저 잠들지 못하고
남의 집안을 마음대로 넘보는 거냐고 야단치고 싶었습니다

너라면 언제쯤 잊을 수 있겠니

어언 40년 넘어 반세기에 접어들었구나.

까마득히 모두 잊고 잊힌 줄만 알았는데
아직도 녹슬지 못해 마른 입가에 떠도는 이름 있었구나
아직도 아렴풋이 떠오르는 얼굴이 남아있었구나
나름대로 바쁜 삶이란 핑계로 정신없이
멀리 아주 멀리 돌고 돌다보니
많이도 망가져 이지러졌을 이순(耳順) 줄인데
이름 석 자는 풋풋하게 맴도는
함께 머릴 맞대고 쥐어짜던 날 되살아
이렇게 되뇌어 볼 이름이 남아 있는 것만으로도
이렇게 그려볼 얼굴이 있는 것만으로도
아아아, 문득 오늘이 행복하구나 싶은 학창의 친구야!

너라면 언제쯤이면 못내 잊을 수 있겠니.......

선승

산자락 계단을 쓸고 있다
어둠을 쓸며
마음을 빗질하고 있다
끊임없이 더럽혀진 마음
쓸고 닦으며 묵언정진
죽어도 못다 씻을
어둠보다 더한 번뇌에
싸늘한 바람
한 줄기 불빛 섬광이던가.

거미줄

여름장마 끝나고 드러난 파란 하늘
햇볕에 내다 걸었다
팽팽한 긴장감 끈끈함마저 없이
여기저기 헤어져
눠라 거둬갈 이도 없이
대롱대롱 물방울
잠자리 한 마리 걸려들지 않는다.
헌 그물에
바람만 개구멍처럼 들락날락 한다.

난 널 버리지 않았다

난 너를 버리지 않았다
외지에 가서 잠시 벗어놓은
선글라스 뒤늦게
그냥 놓고 왔다고 안절부절
마냥 아쉬워하며
정말 야속한 녀석이라고
그만큼 아꼈으면
왜 그냥 일어서느냐며
한 마디만 했어도
이토록 비참하지는 않았을
널 못 잊어하는 것은
손때 묻은 네가
가슴에서 날 끌어안고
놓아주질 않는 것이지 싶은
난 너를 버린 일 없다.

계룡산을 오르며

거대한 용의 몸통에 닭 벼슬을 쓴 산
일찍이 무학대사가
이성계 왕조의 왕궁 터를 닦았던 곳
그 부리인 향적산(국사봉)에서
끓어오르는 삼복의 구릿빛 태양을 안고
기암괴석에 땀방울을 흩뿌리며
칠월 담장이넝쿨처럼 벼랑을 오르네.

천황봉, 쌀개봉, 관음봉, 삼불봉, 장군봉
눈이 있는 자는 보아라
귀가 있는 자는 들어라
꿈틀거리는 몸통에 벌름거리는 숨소리
머리봉 정도령바위는 스핑크스
갈기갈기 헤어진 몰골
비바람에 시달리며 온 몸 다 살랐네
계룡산을 수호하던
암수 용추에 두 마리 용은 어디로 가고
신도내에 수백 인간 별들이 모여
밤낮으로 수비를 하는가?

계룡산은 정감록비결의 십승지지
돌 하나 나무 한 그루에도
힘없고 헐벗어 갈 곳 없는 무지렁이에겐
어여삐 여길 믿음의 대상으로
수많은 무속인 발길
한국판 신흥종교의 메카
이제는 모두를 훌훌 떨쳐내고
늠름한 우리의 기상
산화한 영령들의 국립현충원에
육해공 삼군의 계룡대로 다시 태어났느니
한국의 중심부 심장이 된 계룡산.

산태극을 만들고 수태극을 이룬
계룡산과 금강 물줄기 굽이굽이 의연함
충청의 몸통이 되고 젖줄이 되어
천 년 백제의 말발굽소리
된다, 안 된다 줄다리기 우여곡절
세종시 뜰에 펼쳐진 새 삽질
내일을 걸머질 중심으로 떠오른 것 느끼네.

운동장에서

뒤뚱뒤뚱 배불뚝이가 뛰고
홀쭉한 멸치가 뛰다가
그만 나동그라진
배불뚝이
멸치가 손 내밀었지만
뿌리쳤다
공은 저만큼 가고
터져 나오는 웃음보따리에
물결치는 박수와 야유.

토끼풀

애써 가꾸는 고수부지 잔디밭에
야금야금 발 들여놓은 토끼
이젠 아예 토끼풀밭
촘촘하니 빈틈없는
그물 같은 잔디도
속수무책 당하고
점령군의 깃발처럼 꽃 피운
네 잎 행운추첨에
또랑또랑한 토끼 수많은 눈동자.

소나무와 달밤

잠을 자다 우연히 깬 깊은 밤입니다
앞쪽 아파트도 불빛이 달랑 하나 등대처럼 걸려있습니다
언제부터 거기 있었던 걸까?
깜짝 놀랐습니다
창가에 소나무가 달빛을 안고 우두커니 서 있었습니다
안쪽을 힐끔힐끔 들여다보고 있는 것입니다
왜 너마저 잠들지 못하고
남의 집안을 마음대로 넘보는 거냐고 야단치고 싶었습니다.

마음 추스르니 겨우겨우 생각이 떠오릅니다
이 아파트가 생겨나면서
소나무도 앞뜰로 이사 온 것입니다
여러 해 같은 공간에서 함께 살았지만 있는 둥 없는 둥
어느 산속에서 살다왔는지 나이가 몇 살이나 되는지
살아가기 불편함은 없는지 아픈 곳은 없는지
그냥 무관심뿐이었던 것입니다
나무라고 싶었지만 오히려 민망함에 그럴 수 없었습니다.

새삼 방안을 슬그머니 둘러보니

책상에서부터 책장이며 방바닥이며 문틀까지 모두 하나 같이

아하, 그랬구나! 그랬었구나.......

자신의 머언 살붙이가 어떻게 지내는지

자신의 미래를 은연중 그려보는 것은 아닌지 싶어

미안한 마음에 창문을 열었더니

달빛 따라 그림자마저 이끌고 어둠 속에 숨어버렸습니다

코끝에 은은한 솔향기만 살짝 풀어놓고.

버드내를 거닐며

오늘도 수많은 사람들이 걷고 있다
버드내는 단순한 냇물이 아닌
대전 시민의 공원이다
걸음걸음 뒷모습
활기로 가득 넘쳐나고
나란히 소곤소곤 걷는 다정함
때론 허겁지겁 쫓기 듯 불안하기도.

마주치는 사람 얼굴 표정에 그려진
거울 앞을 살짝 스쳐가듯이
뭔가 마냥 좋기만 해서
즐거움 룰루랄라
뭔가 풀리지 않는 골머리로
근심걱정에 잠겨
터벅터벅 힘없어 안쓰러워 보이는.

자연은 자연 속에 계절을 쫓아가며
풀이 모여서 뽐내는 싱그러움
싹 트고 잎 피고 꽃 피며
함께하는 어우러짐

변하는 모습에 세월을 담아서
있는 듯 없는 듯 살아가는
강아지가 신바람 잔디밭을 누빈다.

바람이 어깨를 살짝 밀치기도 하고
햇살을 받아가며
그림자 만들었다 지워가는
새들의 날갯짓에
여울지는 물소리 들으며
발걸음은 저만큼
돌아오는 길 하늘은 푸르기도 하다.

넌 알고 있니

여유롭게 떠가는 구름아 넌 아니
그 사람 지금 어디에 있는지
유유히 흘러가는 냇물아
그 사람 찾아갈 수 있겠니
오락가락 하는 바람아
그 사람 귀동냥해본 일 있니
같은 하늘 아래 살며
같은 계절을 이야기 할 텐데
너무 무심한 것이냐 세월만 간다.

아파트의 벽

벽을 튼튼하게 쌓은 이웃이다
서로 무관심 속에
바깥에서 인연으로 만나면
앞집에서 아래층서 살았구나
비로소 알 수 있을
오늘도 밀폐된 익스프레스
직사각형 상자에 싣고
누군가 이사를 오가는
문을 철저하게 잠근 이웃이다.

흔적의 연륜

살아가면서 어찌 아픔이 없으랴
나무는 옹이가 박히고
풀은 허리가 꺾이는
하물며 사람인들 어떠하랴
수없이 반복되는
아픔을 숙명처럼 짊어지고
삭이고 더러는 설사에
매듭을 만들면서
흔적의 연륜으로 담아가는 보석.

망초꽃

유월에 하얗게 일어서는 망초꽃은
조국을 위해 피로 물들인
산화한 무명의 영령들을 위해
추모하는 애도의 물결이다
꾸미지 못한 소박함은
화려하지 않아도 순수가 담긴
님들의 영면을 갈망하며
무지렁이가 온몸으로
호국보훈 화환을 바치는 마음이다.

생명의 텃밭

정신 번뜩 드는 철교 침목 밑에 둥지 틀고
냇가를 떠나지 못하는 비둘기를 본다
깊은 산속 비탈 밭에 기대고
어촌의 작은 갯벌에 미련이 남아
선뜻 등지지 못하는 사람
생명의 줄 텃밭이 있기 때문이다
텃밭을 바꾼다는 것은
모든 것 버리고 다시 시작한다는 불안감
비록 작은 텃밭이라도
아늑한 행복에 미치리.

해바라기 인생

그 아무도 선뜻 나서지 않는 윗선대기에 혈안
홀로 부풀어 주제파악도 못하는 해바라기 인생 연민
안하무인 제 멋에 취해서 우쭐대지만
야릇한 비웃음 난무하는데도 모르는 안쓰러움
바닥에도 빛은 들고 아기자기한 모습
진정한 삶이 펼쳐지는 세상
잠깐 따르던 해님은 사라지고 곧 떨어진 신세
채 여물도 못한 씨 참새가 쪼고 있는
끝내 외톨이로 멀리 외면당한 꼴불견 인생.

시간은 멈추지도 늙지도 않는다

우리는 곧잘 시간이 빨리도 간다 하지만
시간은 잠시 멈춤도 달음질도
재촉하거나 늦춤도 없는
늘 같은 보폭으로
그 누구의 눈치도 보지 않고
한 눈금 오차 없이
되돌아오거나 되돌릴 수 없는
시간은 녹슬지도 늙지도 않는
쉼표나 마침표가 없는 진행형일 뿐이다.

우리는 곧잘 시간이 너무나 없다 하지만
시간은 누구에게나 똑같이 주어지는
가장 공평한 것 중 하나
다만 저마다 마음의 완급에 따라
그렇게 느껴지며 탓할 뿐으로
늦다고 깨달았을 때가
가장 빠른 때일 수 있다는 것처럼
시간은 속임수가 없어
새롭고 진지하게 시작할 수 있는 마음이다.

우리는 곧잘 시간이 너무 아쉽다 하지만
시간은 만들어 쓰고 아껴 쓰기보다
필요한 때나 시기를 맞춰가며
적절히 이용하는
양지이거나 음지이거나
좋은 일 나쁜 일
밤이거나 낮이거나 가림이 없이
끊임없이 가고 오는
다만 기회를 잘 잡아야하는 것일 뿐이다.

시간은 주춤주춤 잔꾀 부려 왜곡 않는다
주어진 환경이나 처지에 따라
때로는 절절하다가 때로는 지루하고
느낌을 달리할 뿐으로
지난 시간이 녹슬거나
다가 올 시간이 늙은 게 아닌
마음에 비쳐진 것으로
시간은 변함없는 똑같은 나눔
흐름을 적절히 잡아 기회를 펼칠 날갯짓 이다.

소나기

한 방울 힘없어 보이던 빗방울도
한데 어울리면서 들떴는지
군중심리의 표본처럼
요란스런 모습
시끄러운 소리에 돌출행동
닥치는 대로 핥아대고
겁 없이 휩쓸며
검붉은 혹은 흙빛 가면까지 쓰고
광란의 시위대 저 도도함.

제2부

섬은 바다를 떠나지 못한다

섬이 있어 좋다 바다가 있어서 좋다
함께 있으니 더 좋다
너른 품에 안겨 둥둥 떠 있는 듯싶은 섬
바다에 잠시 쉼표를 찍는 듯싶은 섬
강하게 약하게 빠르게 느리게
어화 둥둥 밤낮으로 춤을 추는 바다

청산도에 부는 바람

청산도에 덩실덩실 부는 바람은
청보리 사각사각 수염을 비비는 물결
샛노란 유채꽃 재갈대는 소리에
마늘밭 허리통이 굵어지는
청산 가자! 청산 가자!
나비 떼 시퍼런 바다 건너
당리고개 황톳길 서편제 가락이
돌담 고샅길에 퍼지고
언덕배기에서 봄의 왈츠를 추는 4월.

순천만은 살아있다

산자락 숲속보다도 빼곡히 들어선 갈대
그들에게도 무언의 질서는 있다
오르락내리락 하는 물길 따라 드러내는
가무잡잡한 갯벌은 갈대와 어우러져
한 폭의 그림을 그리고 있다
그림을 찢고 비상하는
새들의 환상적인 군무는 기다려야 한다.

옆걸음질 갈게 농게 도둑게 말똥게
큰 머리통 멀뚱거리는 짱뚱어
갈대 밑 퐁퐁 수없이 비집은 구멍마다
햇볕을 들여놓고
달빛 별빛도 맞아들이고 싶을
구수한 사람들의 입담까지 물어들일
그들만의 영역 생활 터전으로
생명이 살아 숨 쉬는 곳
바람이 훑고 가도
귀를 열고 다가오는 파도소리 듣는다.

살아 있는 순천만은 멈추지 않는다

겨울이 온다고 움츠릴 때
계절의 진객을 맞으려 분주하다
점점 붉어진 갈대는
하늘을 털고 씻어 내리며
몽당 빗자루가 되어도
그 모습 지우려 하질 않는다
더 깊은 생각에 젖어
그 속에 생명체를 보듬는 손길
이야기라도 주고받는지 수런거린다.

순천만은 살아있다
멈추지 않고 역동적으로 다가서는 것
용산전망대에 올라보면
이 모두가 한눈에 들어온다
저녁해는 시뻘건 불덩이로 달구고
사르르 내려놓는다
나그네의 눈에
뒷모습 노을이 아름다운 것은
그 시간을 위해 열심히 뛴
지나온 하루가 떳떳하기 때문일 것이다.

돌아서는 발길에
수많은 생명체의 숨결이 달라붙는다
나도 살아있음을 확인하듯
숨을 한 번 크게 토하니 가뿐하다
수많은 갈대 속에
머뭇머뭇 흔들리는 나에게
안녕, 잘 가라고 손을 내젓고 있었다.

섬

점.점.점 다도해에 징검다리처럼 늘어선 섬
섬에서는 바다가 함께 한다
가장자리로 나서면 곧 바다가 되어도
안에 들면 잠시 잊은 듯싶다가
섬을 딛고 바다로
바다를 딛고 섬으로 오른다
해변에 서면 어부 되어 고깃배 타고
섬 안에선 농부로
끊임없는 갈등 삭이면서
섬에선 어부도 농부도 하나다
신기한 눈빛에 바라만 보던 사람들이
다투어 섬으로 달려가고
섬이 바다에 떠서 푸른 하늘 우러르고 있다.

섬과 바다는 하나

그동안 수없이 그려보았던 모습
산에서는 산을 보지 못하듯
섬에서는 섬을 보지 못한다.
인근 산자락에 올라
비로소 한눈에 들어온 풍경
그냥 한 폭 그림으로
저 아름다운 세상들
저것이 섬이고 저것이 바다였네
섬이 불쑥불쑥 일어서
바다를 밟고 징검징검 건너
반가움의 악수 청하듯
바다의 디딤돌로 섬이 되고
섬에는 바다가 하나로 다가왔네.

섬은 섬을 말하지 않는다

섬은 외롭지 않다. 외로워서 섬이 아니다
한가롭게 외로워할 여유가 없다
바다는 더 이상 경계의 대상이 아닌 이웃 동반자다
해무로 잔뜩 찌푸려
사방팔방 아무 것도 보이지 않지 싶지만
섬은 해조음을 들으면서 바다의 표정을 읽는다
바다는 다정한 연인 애무의 손길
으르렁거리는 악마의 표정으로 달려들다
따갑게 쏟아지는 햇살을 거리낌 없이 받아들고
섬 주변을 무표정하게 들락거리기도 한다
섬은 섬을 말하지 않는다
진정 바다를 보고 듣고 느끼려면
먼저 섬이 되어야 한다
바다는 썩지 않듯이 거짓이 없다
그래서 바다에서 거두는 생물은 싱싱하니 건강하다.

바다는 섬이 있어 투정하듯 고래고래 소리치며
때로는 섬에게 달려들어 멱살을 잡고
발작하여 광란의 게거품 토하며
마구 할퀴지 싶지만 다가가 어루만지며 속살거린다

출렁출렁 햇살 싣고 달빛 싣고 반짝반짝
흥겹게 중얼거리는 바다
서남단 다도해 섬으로 내달렸다
연륙교로 이어진 압해도는 이제 섬이라 하기엔
왠지 어색해 슬금슬금 눈치 보인다
그나마 비릿한 냄새가 여운을 남기지 싶다
너른 품안에 수많은 생명 안고
바다는 쉬 잠들지 않는다 아니 잠들 수 없다
섬은 바다가 있는 한 혼자가 아니기에 서로 끌안고
토라질 줄 몰라 늘 같이 있어도
섬은 바다를 바다는 섬을 말하지 않는다.

연인

때로는 성난 몸짓으로 달려들고
때로는 어루만지듯 부드러운 손길로
갯바위에 부서지는 파도
금세 미안하다는 듯
하루에도 수없이
하얀 속살을 미소처럼 내보인다.
외로움이 외로움 만나면
더는 외로움이 아닌
이젠 떨어질 수 없는 연인.

등대

길 잃어 방황하는 어둠속 바다
구원의 손길 희망의 불빛
무언의 수화 길잡이
밤길에 깜박이는
또 하나 이정표인 별자리
뒤죽박죽인 요즘
세상 밝히는 등대가 있어
앞날의 길라잡이
만인의 줏대 우러를 표상 이길.

잠들지 못하는 바다

늘 깨어있으라고 독려에 격려 하는지
어깨동무하고 힘차게 밀려오다가
와르르 무너져버리는 물결
생활에 지친 발길이 몰려들어
독특한 환경에 쏟아 내놓는 감탄
섬은 한적하거나 외롭지 않다
그럴 여유가 없다
여기저기 닥치는 대로 들쑤셔
변화의 몸부림에 홍역
연륙교 연도교로 섬 아닌 섬까지
수많은 외지인 입맛에
온갖 치장 발돋움하려 아우성
잠들지 못하는 바다는
철썩철썩 연신 들락거리며
늘 깨어있으라고 섬을 치근대고 있다.

홍도

쪽빛 짙푸른 바다와
가로로 쌓고 세로로 떠받든 기둥 같은
붉은 빛을 머금은 해안 절벽
흙 한 줌 없지 싶은데
분재처럼 다듬어진 시퍼런 소나무
숨구멍 뻥뻥 뚫린 해식동굴
365고지 깃대봉에 자존심 펄럭이며
풀 한 포기 나무 한 그루 돌 하나
통째로 천연기념물
유람선조차 취하여 머뭇대는
남문바위 실금리굴 석화굴 거북바위
동굴 속 거꾸로 자라는 나무
만물상 원숭이바위 흔들바위 독립문…
아직도 미완성으로
천상의 예술가가 시나브로 다듬고
정원사 손길이 멎지 않은
신비감 듬뿍 담긴 등대가 있는 풍경
다도해국립공원 재롱둥이
마음 붉게 물들어서 한몸이 되고 싶은.

석굴

바위에 다닥다닥 붙어서
굴은 굴끼리
바다만을 먹고 자란다
파도소리 들으며
잠들고 깬다
바다가 심술나면
더 힘껏 바윌 끌안고
납작 엎드려
물 흐름 귀 기울여 듣는다.

섬으로 살아가는 세상

사람은 태어날 때부터 혼자지만
혼자일 수 없어 더불어 가며
이웃과 함께 배려에
낮출 줄 아는 공동체인데
이기주의는 자신만을 내세워
수년을 살아도
앞문은 열 줄을 모르고
학교는 따돌림
직장은 외톨이
길거리 노숙자
구박덩이 노년
바다 같은 너른 세상인데
재물에 으르렁댈 뿐
스스로 가두고 홀로 떠 있는
섬으로 살아가는 세상
그렇게 이승 떠나지 싶네.

유배지 흑산도

언뜻 바라보면 검게만 보였던 외진 섬
다산의 둘째 형 정약전 선생은
강진을 수없이 넘겨다보며
유배 생활 15년 동안 숙명처럼
바다를 사랑하는 마음
어부를 사랑하는 마음
물고기와 해산물 155종을 채집
명칭 형태 분포 실태 등을
분석하고 기록한 자산어보를 남겨놓고.

면암 최익현 선생은 손바닥 바위에
여기는 조선 땅이란
'기봉강산 홍무일월(箕封江山洪武日月)' 친필을 새겨
조선 사대부의 기개를 떨친
유배 아닌 학문을 닦아쌓은 명성
역경을 딛고 일어선 오뚝이
헛되지 않은 세월은
흑산도 자랑거리 문화유산
눈길끌며 추앙받는 이 시대 인물상.

흑산도는 동지나해까지 뻗어나갔던
장보고의 청해진 전진기지
서남해 어업전진기지로 탈바꿈
일주도로 육로관광은 명품
이웃에는 귀염둥이 홍도 가거도
막걸리에 홍어를 입에 물었지만
서투른 입맛 탓인가
명성처럼 쉬이 당기지 않는데
흑산도아가씨 노랫가락이 휘젓누나.

섬은 바다를 떠나지 못한다

섬이 있어 좋다 바다가 있어서 좋다
함께 있으니 더 좋다
너른 품에 안겨 둥둥 떠 있는 듯싶은 섬
바다에 잠시 쉼표를 찍는 듯싶은 섬
강하게 약하게 빠르게 느리게
어화 둥둥 밤낮으로 춤을 추는 바다
고기 떼를 몰고 왔다
바람을 몰고 왔다
허연 거품만 잔뜩 토해놓고
돌아서 엉엉거리는 바다
잡지도 묻지도 마라
끈질기게 다시 밀려오기를 반복하는
한순간 무너져도 멈춤 없는 억척스러움
이것이 바다의 근성이라고
이것이 바다의 근육질이라고
거침없이 토악질하는
섬은 바다가 자랑스러워 떠나질 못 한다.

섬이 있어 좋다 바다가 있어서 좋다
함께 있으니 더 좋다

바다의 눈빛은 언제나 푸름으로 가득 차
자신감 넘치게 넘실넘실
처음엔 섬이 몹시 외로울 거라고
처음엔 바다가 무서울 거라고
막연했던 마음이 사르르 녹아내렸다
그렇게 외롭지도 무섭지도 않은
지금 그 섬에 내가 있다
지금 그 바다에 내가 있다
바다는 하늘을 안고 하늘은 바다를 안고
보이고 싶지 않은 치부처럼
해무를 뒤집어쓰고
산통의 붉은 피로 물들기도 한다
그렇게 섬이 태어 났을까나
아리송하지만 눈치 챘는지
섬은 바다가 자랑스러워 떠나질 못 한다.

섬과 바다

성나서 포효하는 파도도
섬 안에 들면
숨죽인 듯 고요하니
안정을 되찾는
섬과 바다는
서로 껴안고 다독거리다
다시 바다에 나서면
꿈틀대는 야성
억센 투지가 되살아나는.

제3부

바다에 찍는 발자국

갈매기 입가에 묻어나는
가끔은 아주 가끔은 생각날 바다
마음 깊숙이 담아둘 추억으로
드러낼 듯 보이지 않는
흔적의 발자국들

바위섬 여(礖)

바위섬으로 남아 있기까지는 그냥 있는 것이 아닌
이유 없이 날름날름 삼켜버리려는 바다
와르르 무너뜨리려는 바람의 음모를 귀동냥하며
살아남으려는 몸부림은 처절하다
때도 시도 없이 물 끼얹고 온몸 핥아대는
협박과 회유에 귀 막고 눈 감고 딴청 부리면
뼈를 갉아내고 구멍까지 뚫어대는 고문은
이제 길들여진 순한 양처럼
시퍼런 바닷물에 차라리 위안을 삼으며
그래도 바위섬으로 남아있다는 안도감 같은
어쩌다 바닷새라도 잠시 쉬었다 가는
쉼터일 수 있다는 마음에서
해초 홍합무리가 바득바득 기어올라 둥지 틀면
간지러움에 키득거리다가도
행여나 어린 목숨 잘못 될까 조바심
비 오는 날엔 나무 한 그루 풀 몇 포기라도
키워보고 싶은 간절한 소망
금세 부질없는 생각임에 넋 놓기도
비록 짓밟힌 꿈일망정
머리 쳐들어 하늘을 볼 수 있고

수평선 너머 해 뜨고 지는 광경을 보며
새로운 하루를 보내고 맞는 것으로 감지덕지
벗어날 수 없는 천형의 죄수가 되어
바다에 시달려도 바다를 누구보다 그리워하는
이젠 바다의 한 가족이라는
당당한 자긍심으로
다리에 힘이 듬뿍 들어가서 꼿꼿해진 바위섬 여(礖).

제비

가거도 독실산 산행 끝내고 숙소로 돌아오니
뭍에서 왔단 소식 기다렸던가
제비 한 쌍이 처마 밑으로 날아든다
반가운 제비야 그 얼마만이냐
좀처럼 만날 수 없어 가끔은 궁금했었는데
머나 먼 곳 여행길 섬에서 만나다니
하기야 뭍에 가보았자 둥지 틀만한 빈자리
집터 구하기가 그리 쉽지 않다
집값 땅값이 어지간해야
선뜻 너에게 내어줄 수 있을 텐데
또한 가는 곳마다
농약에 산업쓰레기 공포로 뒤덮여
너희 새끼들을 키우기도 만만치 않을 거야
사람들은 흥청거린다마는
더불어 먹고 살만한 먹을거리 구하기 싶잖아
홀대받기 서러워 아예
오던 길목 도중에서 머물다가
그냥 강남으로 되돌아가는 거였구나
넌 삼월 삼짇날 진객이었는데
사랑채 처마안쪽 집 지을 자리 마련해주고

새끼들도 아침저녁 돌봐주었는데
고마움 잊지 않고
가을엔 빨랫줄에 일 열로 모여 앉자
지지배배 훌쩍 떠나도
봄이면 잊지 않고 다시 찾아오곤 하였는데
어느 때부턴가 발길이 끊어지면서
그저 야속하다 싶었는데
그래 이기심에 흠뻑 젖은 이 세상
그러나 어쩐담,
모두 잘 난 인간의 자업자득인 것을
더 이상의 흥부는 없이 놀부만 있는지 몰라.

수화하는 바다

바다에는 파도가 있어 좋았다
하얗게 일어서는 포말
일렁거리는 물결
풀릴 듯이 풀리지 않는
난해한 암호전문
고운 모래톱에 찍힌 자국들
수화 하듯이
밀려왔다
급히 지우고 돌아서는
어선 몇 척
끈끈하게 묻어나는
삶의 숨소리
갈매기 몇 마리 급히
순찰 돌고
줄어들 줄 모르는 바다는
넉넉한 어미 품
썩지 않는 소금물로
출렁출렁 흔들어
답답한 마음을 헹구어 내었다.

변함없는 바다

장마라고 바다가 흠씬 젖어들더냐
가뭄이라 메말라들더냐
그냥 들락날락
하루를 두 번씩 셈하며
비 오면 고스란히 빗물을 받고
날 들면 기꺼이 햇볕 받아
넓고 넓은 가슴엔
수없는 생명들을 끌어안고
속살을 파먹어도
내색할 줄 몰라 그냥 출렁출렁
넘쳐나면 억제하고
부족하면 견뎌내어
달빛은 달빛대로 받아들이고
바람은 바람대로 흘려보내며
흉내 낼 수 없는
본능적 어미의 가슴으로
끊임없이 자신을 토닥거리고 있다.

무인도

이름조차 지니지 못한
나무 한 그루 풀 한포기도 없는 바위 뿐
아주 자그만 섬
바위뿐인 듯싶은데 나무가 자라고
시퍼렇게 풀이 자라는
사람이 없는 섬
아랫도리는 바닷물 깊숙이 담그고
드러낸 깡마른 상체는
뼈를 갉아 내며
그럴듯한 형상으로 변화하고 있는
허구한 날 모진
서툴러도 예리한 조각
가끔은 수준 높은 걸작을 만들어 내기도.

바다에 찍는 발자국

연인들이 속삭인 달콤한 웃음꽃에
어부가 잡다가 놓친 물고기들
해녀가 남겨놓은
아리송한 숱한 이야기들
반쯤은 건져지고 반쯤은 남겨지고
시퍼렇게 물들다
갑자기 들이닥친 폭풍에
시달리다 지워져
켜켜이 쌓이고 쌓였을 그리움
갈매기 입가에 묻어나는
가끔은 아주 가끔은 생각 날 바다
마음 깊숙이 담아둘 추억으로
드러낼 듯 보이지 않는
흔적의 발자국들
더러는 건강한 씨앗으로 남아
되살아날 해맑간 웃음
문득 그곳에 가고 싶을 때가 있는.

해안초소

장군바위 전투경찰 초소에 올라본다
하루같이 떠있는 망망대해를 잠시도 놓치지 않고 응시하며
젊음의 패기는 모두 접고 오직 이 외딴 섬에 걸었다
아득한 뭍에서 살살 불어오는 바람
너희가 이런 곳에 와보기나 하였느냔 자부심에
책상머리에 편안히 앉아서
입만 나풀나풀 국방의 의무가 어떻고 지껄이는
병역비리 역겨움 쪽빛에 씻어내며
성난 물결로 바위라도 후려치고 싶은 마음
꾹꾹 눌러 수평선 너머 흘려보낸다
하루에도 수없이 몰려드는
파도와 바람과 짓누르는 고독에 자신과 싸우며
지금은 오직 국토방위에 여념이 없는
용맹스런 바다의 사나이 되어
서기가 번뜩 노려보는 날카로운 보초의 눈망울
빗방울에 씻겨 흘러내린다
바닷물이 되리라
소금물이 되리라

썩지 않는 소금, 소금물이 되었다가 사회의 초석이 되리라
마음에 쓰는 다짐
가슴에 적는 다짐
고깃배 한 척이 여유롭게 들어오고
갑자기 갈매기 몇 마리가 훠이훠이 하늘을 휘젓는다.

바다는 섬의 텃밭

섬에서는 한 곳에 오래 머물러있으면
그대로 굳어 바위가 되는
수시로 오고 가고 부지런해야 한다
섬에서는 많은 것을 내어주고
보다 많은 것을 또한 버려야하는
한 점 살을 거침없이 발라
안으로 뼈를 강하게 키워내듯
작은 것에 만족해야 한다
시도 때도 없이 눈에 들어오는 게
널려있는 바다이지만
잠시도 아니 보면 궁금증이 도져
다시 바다를 찾아나서는
섬에서 바다는 삶에 희망의 텃밭이다.

절벽 위에 염소

독실산 자락에는 풍부한 물이 흐른다
물줄기 흘러 바다로 떨어지고
어떤 곳은 그럴듯한 폭포 되었다
섬에서는 염소를 방목한다
아니 저럴 수가
아찔아찔 벼랑 끝에 염소가 있다
풀 한 포기 없는데 거기는 왜 갔을까
앞발에 힘을 모으고
아래를 살며시 내려다본다
넋 놓은 듯 멍청히
너도 아침바다 황홀경에 젖어 드느냐
행여 뭍에 있을지도 모를
전생의 네가 그리워
수직에 가까운 험한 절벽이지만
아주 전망이 좋아
매애~ 매애~~
절절함 맺힌 아기울음
그러고 보니 네가 너를 찾는구나
하지만 널 쳐다보는 내가 현기증난다.

잠자리와 거미

잠자리 한 마리가 덫에 걸렸다
대롱대롱 삶의 무게를 잰다
거미는 먹이를 잡아야 하고
먹이인 잠자리는 빠져나가야 한다
한바탕의 푸닥거리
잠자리 활동무대가 더 넓은데
앙큼한 거미 손아귀에서
잠자리가 죽어야
거미가 살 수 있는
이상한 논리의 먹이사슬
잠자리는 거미 발길에 출렁거리다
다시 평정을 찾고
섬의 아침은 햇살로 반짝였다.

수평선

바다는 끝없이 저 멀리 펼쳐지면서
하늘과 바다가 한곳에 맞닿아
한일(一)자를 그으며
몸을 섞어 이뤄낸 수평선
마음 낮추고
고요 가까운 잔잔함
섬 아랫도리를 닦아주는 바다
바다의 흔들림을 잡아주는 섬
오늘도 해가 떠오르고 지는 수평선.

섬 아닌 섬

요즘은 육지와 섬을 연결한 연륙교
섬과 섬을 연결하는 연도교
배를 타는 것이 아닌
차타고 걸어 다닐 수 있는
생활권은 섬이라 할 수 없는데
외관상은 섬일 수밖에 없는
좀은 애매모호한 세상.

푸른 하늘에 한 점 흰 구름
둥실 떠있고
밤하늘에 반짝이는 별은
등댓불 같은
수많은 사람들 속에
인연이란 마음 속 다리를 놓아가며
너에게 조심스럽게 건너간다.

수많은 사람들 틈 사이를 비집으며
열심히 살아가지만
넘치는 욕심에
이기심만 앞세우다 보니

너는 너 나는 나
극한 상황으로 내닫다 보면
바다 같은 세상 섬 아닌 섬이 된다.

겨울바다에 가다

겨울바다에 갔습니다
그 모습 그대로인 바다는
좀 한산하니 써늘했지만
변한 건 바다가 아니라
내 자신이었습니다
급한 손짓으로 다가와
잔잔하게 일어서는 물이랑
내 얼굴로 전이되어
세월을 느끼게 했습니다.

끼르륵 끼륵끼륵
통역할 수 없는 언어는
물결이 열심히 수화를 하고
바다에 찍는 발자국
모래톱 상형문자까지도
그때 그대로인데
바람만이 노골적으로
저희끼리 우우 몰려다닐 뿐
다르지 않았습니다.

뭍으로 달려 나오려는 바다
이러면 안 돼
그냥 우리끼리 살자
소맷자락 당기듯
여기에 우리의 뼈를 묻자
애써 바지자락 추슬러
주저앉는 바다는
제 흥에 취해
흐느끼듯 울고 있었습니다.

눈은 마음의 창

맑은 창으로 잠시라도 세상을 보라
눈은 그 사람의 마음의 창
게슴츠레한 눈으로 창문을 열면
오히려 피곤하게 보이거나
어설프게 보여
사물을 제대로 볼 수 없는
바다도 마찬가지다
청정할 때 더 마음을 모으고
잔잔할 때 들여다볼 수 있는
마음이 어지러우면
창문인 마음의 눈도 밝을 수 없는
수시로 마음을 닦아야 하는데
오히려 지저분하면
판단을 그르치게 하는
눈은 그 사람 얼굴을 대변하는 창.

제4부

개불알꽃

큰 나무 억센 갈대도
미동을 않는데
겁 없이
보랏빛 꽃등을 켜들은
저 당돌함
한낱 보잘것없었던
저 여린 것이 손짓을 한다

꼬맹이의 백일

우리네 백일은 그냥
시큰둥하게 짧지만
바라보는 눈빛에
순수의 웃음
강렬하게 빛나는
신비한 세상
난 네가 더 신기한
너의 백일은
결코 짧지가 않구나.

홀로서기

엉겁결에 벌떡 일어섰다
처음으로 홀로 섰다
그래 사람은 서서 걸을 수 있는
언제까지 누워 지내거나
엎어져 기고
앉아만 지낼 수 없는
지금 성실히
인간의 길 수업을 받고 있는 중
하루가 다르게 진일보.

꽉 잡았던 두 손
슬그머니 놓고
세상을 바라보는
황홀함
할 수 있어
불안감 떨쳐내고
넘어지면 다시
일어서
뽐내는 홀로서기.

이빨 돋기

잇몸이 근질근질한 게다
이빨이 돋아나
옷자락을 질겅질겅
금세 방글방글
시원한가 보다
누가 그래보라 일러주던
스스로 터득해
헤쳐 나가는 슬기
어느 날 쏙 솟아난 이빨.

윗니 둘 아랫니 둘
근질근질 이빨 솟아
기습적인 공격
눈 찔끔
야멋 앙다물고
힘쓸 줄
어찌 알았으랴
입 동그랗게 모아
휘파람 부는 시늉도.

의사 표시하기

이제 조금씩 의사 표시 하는데
어휘력 없는 꼬맹이는
울거나
칭얼거리는 것으로
싫다는 의사
불편하단 말
단순히 울음으로 대신
좋을 땐 그냥 방긋
무슨 생각에 무슨 꾀가 있으랴.

입력된 언어가 없으니
본능적 깨우침에
즉흥적 표정
울음에
손가락질까지
나름대로 의사 표시
찡그림에
웃을 줄 알면서
세상사 익혀가는 일상.

순수에서 떼쓰기

아가가 방긋방긋 웃고
채호가 앙앙 운다
웃음도 그냥
울음도 그냥
꾸밈없는 순수다
웃고 울고
그렇게 자란다
그래서 웃음도 울음도
건강하게 들린다.

해맑은 눈동자를 보면
금세 빠져들듯
잔잔한 웃음에
함께 동화되어 머금는
여린 손짓에도
아른아른 넘치는 재치
티 없는 얼굴에
햇살이 퍼지듯
봄날 소식 다가설까.

그 순수하던 눈빛에서
마구 떼를 쓴다
억지 부리면 뭔가가
달라짐을 아는
채움의 시작인가
이것 저것 움켜쥐고
은연중 살아남는 법을
터득하는 걸까
그렇게 비춰지는 것은.

반복하기

이제 갓 다섯 달여 됐지만
반복되는 부름에
제 이름 기억하고
뚫어지게 눈여겨보는 것은
눈에 담는 것이고
짝짝 박수 손바닥 펴면
느낌으로 다가와
두 손 덥석
세상을 읽으며 적응해가는.

안도에서 토라지기

아직은 "할아버지!" 하고
말 못하지만
"채호야!" 부르면
"네!" 대답은 못하지만
눈빛을 보고
어리광처럼 생글생글
"우와, 와~"
마음껏 소리치듯
안도의 포만감 쏟아낸다.

언제부터 그런 몸짓 배웠더냐.
아는 척 하다가도
"이리 오렴!" 하면
쌩 하고 돌아서며
"엄마, 엄마……"
엄마 품이 최고다
엄마를 알면서
낯가림으로 돌아선
저 깊은 속마음 내 어이 알랴.

눈치 보기

세상살이 익숙해져 가는가
좋은 것 싫은 것
마음을 읽을 줄 안다
좋아하는 줄
눈치가 빠끔해진다
싫어하는 줄
중얼중얼 거리지만
딴엔 말을 하는 것일
의사 전달력이 부족하여도.

생후 10달 남짓 된 녀석이
나팔을 분다
비록 장난감 이지만
제가 낸 소리
대견스러운지
생글생글
박수와 환호성 소리
힘 얻어 불고 또 불어보며
세상 눈칠 알아가는.

욕심 부리기

닥치는 대로 움켜쥐고
멱살이라도 잡으려 하는
불안감도 같은
수시로 손가락을 빨고
주먹까지 가져가는
채움에의 욕망
별 느낌이야 없더라도
무의식적 의식
살아남을 본능적인 욕구.

꽉 잡고 줄 줄을 모르는
본능적인 욕심쟁이
챙기기 인가
주면 그뿐
제몫이 사라진다는
치열한 경쟁
삶의 수업
놓을 줄도 알아야
채울 줄 아는 순리 인데.

발짝 떼기

돌날이 가까우니
엉겁결에 벌떡 일어섰다
발짝을 떼어보며
해냈다고
손바닥도 짝짝짝
하나하나
더듬고 오르면서
깨우치는
시행착오 반복에 갸우뚱.

넘어지면 다시 일어서서
주변을 잡고
조심조심 걷다가
살짝 놓는 손 대범함
홀로 섰다고
질러대는 환호성
호기심 넘쳐
하루 달리 익혀 가며
새롭게 변해가는 세상인.

엄마가 최고

엄마가 없으며 잊었다가도
불쑥 엄마만 나타나면
엄마, 엄마.......
애절한 부르짖음
같이 있어도
보고 싶은
품안에서도 연신
엄마를 찾는
세상에 엄마가 최고로
강짜 응석에
안되지 싶은 일도
해결사 엄마
함께 있어서
제일 아늑한 울타리로
안도의 마음
불끈 불끈 솟아나
엄마만 있으면 제일이란다.

보문산 보리밥집

여보시게나, 밥맛이 통 없거들랑
보문산 한 바퀴쯤 비~잉 돌아오시게
내려오는 길 보리밥집에 들러
몇 젓가락 콩나물
푸성귀에 들기름 살짝
고추장 한 스푼 쓱쓱 비비노라면
지난날 눈물겹던 꽁보리밥에서
폴폴 쏟아지는 향수
뽀글뽀글 된장찌개에
아삭아삭 열무김치 더불어
뚝딱 한 그릇 비우고
구수한 숭늉 후루룩 마시다 보면
입맛 다시 돋아나리니
그래도 아니다 싶걸랑
보문산 한 바퀴 되돌아 드셔 보게나.

뒤늦은 고백

그녀는 나보다 나를 사랑한 사람입니다
나보다 나를 더 잘 아는
나보다 나를 더 보살핀 사람입니다
그녀는 자신보다
나를 위해 기꺼이 희생한
나를 지금껏 지켜준 유일한 사람입니다
이제 그녀를 위해 살겠습니다
그녀를 사랑합니다
그녀와 함께여서 정말 정말 행복합니다.

속울음

빗줄기 사선으로 세차게 쏟아진다.
바닥에 내동댕이쳐도
빗물은 제 갈 길 안다
서로 만나면 한 몸
잘나고 못 나고 다투지 않는다
아픔은 가슴에 묻고
소리 높여 흐르며 부르는 노래
앙금으로 가라앉혀
맑은 눈빛 출렁거리며
희망을 싣고
큰물 되어 속울음 울 줄 안다
어머니의 강물은 멎고
빈자리 아내가 뒤 이어 울고 있다.

아내의 회갑

아내가 회갑을 맞았다
몇 년 전 내 회갑이었을 땐 몰랐는데
마음이 착잡하다
세월은 저만큼 흘러갔는데
그 뒷자락을 잡고 투정하지 싶다.

작은 꽃바구니에 살짝 꽂은 메모지
"35년 간 수고 많았습니다.
이제 많지 않은
그렇다고 짧지도 않은 시간
열심히 살아갑시다, 사랑합니다."

짤막한 몇 마디
멋쩍은 휘장으로 둘렀을 뿐인데
잽싸게 스치는 알싸함
눈시울 붉어지는가 싶더니
울컥 씹히며 불쑥 일어서는 지난날들.

다만 미안한 마음
돌아볼 틈 없이 예까지 온 거다

아내가 회갑을 맞았다
돌이킬 수 없는 시간은 흘러
모른 척 저만큼 쉬임없이 가고 있다.

세월이 공평하게 나눠준 훈장이지만
결코 달갑지만은 않아
사양하고 싶어도
그 누구도 받아줄 수 없어
한편으로는 그냥 야속하기까지 하다.

보람으로 쏟아진 햇살도 있었겠지만
풀리지 않는 실타래에
흐린 하늘 멍청하게 바라보면서
굽이굽이 애꿎게 돌아
숙명처럼 울고 웃으며 지나 온 날들.

새삼 이지러진 얼굴
뭉툭하게 닳아서 굵어진 손가락
꽃다운 그림자마저 거두어간

미안함에 씁쓸함만이 감돌지 싶어도
선뜻 할 말이 없지 싶다.

매끄럽던 피부는 거칠거칠
흰머리 생겨나고 늘어난 주름살
'데보라'가 회갑을 맞았다
욕심일랑 내려놓고
이제는 멋지고 알차게 살아 봅시다.

바라보기도 아까운

위를 바라보면 더 가까이에서 별이 총총합니다.
저 아래 불빛이 따스하게 속삭입니다.
눈높이가 맞아야 제 모습을 보는
바라보는 것도 아까운 과분한 사람이 있습니다.
뒤늦게 미안한 마음 눈시울 젖습니다.

당신의 존재

빗물은 옷자락을 적시지만
당신은 가슴을 적십니다
우산을 받아도
튀어드는 물방울과 달리
야릇한 촉촉함
빗물이 적시지 못하는
마음속 깊숙이
훙건한 흔적으로 남아있어
끈끈함이 묻어나는 존재.

개불알꽃

우수가 내일 모레
냇가에 얼음이 풀리고
오리 자맥질에도
간간이 날리는 눈발
제방 아래
별꽃
개불알꽃 눈웃음 짓는다.

큰 나무 억센 갈대도
미동을 않는데
겁 없이
보랏빛 꽃등을 켜들은
저 당돌함
한낱 보잘것없었던
저 여린 것이 손짓을 한다.

강한 것들보다는
저 여린 것이
먼저 축복 받았나
나는 너에게서

봄이 오고 있음을
들여다보며
마냥 울렁거리는 가슴 달랜다.

세상물정 모르는 손자
하루 다르게
제 몫을 다하려는 듯이
몸부림 쳐대야 할
저 어린 것이
또랑또랑 한 눈동자에
담고 있는 별꽃이어라.

■ 평설

중심의도를 호소하는 함축적 의미의 시

김용재
시인 · UPLI 한국회장

I

외송 박종국(外松 朴鍾國)시인은 월간 《문예사조》를 통해 시인으로 등단하였고(1997) 계간《오늘의 문학》을 통해 수필가로 등단하였다. 그동안 시집 18권을 발행하였고 이번에 19번째 시집 『섬은 섬을 말하지 않는다』를 발행한다. 수필집 다섯권을 발행한 것을 함께 따지면 24권째 책을 발행하는 셈이다. 문단경력 14년에 24권째 책을 발행한다면 7개월에 1권씩 발행한 셈이다. 그가 60대 중반의 연륜인 것을 고려하면 등단 이전에도 책을 펴냈다거나 여러권의 책을 펴낼만큼의 원고가 축적돼 있었다거나 그런 짐작을 해보기도 하지만, 어쨌건 그의 책이 모두 창작집이라는 점에서 보면 그는 보기 드물게 왕성한 필력을 자랑하고 있음에 틀림이 없다.

그러나 자료도 다 갖추지 못하고 시간적 여유도 부족해서 전

체적인 것을 언급하지 못하는 것이 유감스럽고, 왕성한 필력과 많은 것의 좋은 점이나 좋지 못한점 등 그런 상관성에 대해서도 역시 언급하지 못하는 것이 유감스럽다는 말을 앞세우며 새 시집(제19시집)에 장식될 시편들만을 살펴보고자 한다.

II

페린(Laurence Perrine : 1915-1995)은 그의 저서『Sound and Sense』의 「Bad Poetry and Good」편에서 예술작품을 평가할 때와 마찬가지로 시를 평가함에 있어 세가지 기초적인 질문을 던질 필요가 있다고 했다.

①중심의도가 무엇인가(What is its central purpose?) ②이 의도가 얼마나 충실하게 성취되었는가(How fully has this purpose been accomplished?) ③이 의도는 얼마나 중요한가(How important is this purpose?)이다.

시를 이해하기 전에 평가하려는 시도가 선행될 수는 없으며 시를 이해하기 위해선 첫번째 질문에 우선적으로 대답할 필요가 있다. 중심의도가 문제인데 그것은 해설과 더불어 가능할 것이고 그런 다음에는 ②③의 문제도 해결의 실마리를 찾을 수 있을 것이다.

다시 페린은 시를 평가하는 제1의 척도는 완벽성이고 제2의 척도는 함축성(significance)이라고 했는데 나는 일반적 보편적 기준으로 해설의 의미를 살리고, 함축성과 비유법의 의미를 부여하여 박종국 시인의 시를 살펴볼 것이다.

여름장마 끝나고 드러난 파란 하늘
햇볕에 내다 걸었다
팽팽한 긴장감 끈끈함마저 없이
여기저기 헤어져
뉘라 거둬갈 이도 없이
대롱대롱 물방울
잠자리 한 마리 걸려들지 않는다.
헌 그물에
바람만 개구멍처럼 들락날락 한다.

-「거미줄」전문

거미줄은 거미가 똥구멍 밑에 있는 방적돌기를 통해서 뽑아내는 가는 줄이며 그 줄로 친 그물이다. 그물에 벌레가 걸리면 거미는 그것을 잡아먹고 산다. 그래서 거미줄은 거미의 집이 되고 포획용 무기가 되고 생존수단의 발판이 된다. 우리 속담에 "거미도 줄을 쳐야 벌레를 잡는다"는 말이 있는데 준비와 성과의 상관성을 잘 지적한 삶의 지혜가 담긴 의미로 수용할 수 있을 것이다.

그런데 이 시에서 보면 전혀 벌이가 없는 처절한 세태풍자가 새겨진다. 거미란 놈이 여름 장마 끝나고 파란 하늘 빛나는 어느 날 햇볕에 거미줄을 내다 걸었지만, 팽팽한 긴장감도 없고 끈끈함도 없고 대롱대롱 물방울만 매달려 있다. 여기저기 헤진 것처럼 헌 그물이 되었고 먹이라곤 잠자리 한 마리 걸려들지 않고, 누가 거둬갈 이도 없다. 오로지 바람만 개구멍처럼 들락날락 한다고 묘사하고 있다.

거미는 본래 사람과 가깝지도 않고, 오히려 부정적 의미가 작용하고 있다. 알을 많이 낳기로 유명하지만 그 알이 다산이나 다복과는 거리가 멀고 "거미알 까듯" "거미알 슬듯"한 말이 많이 퍼져 있다. 좁은 곳에 별로 필요치 않은 많은 수가 밀집하여 있다거나, 알을 많이 갈기어 놓아 산만하게 흩어져 있음을 나타내는 뜻으로 통용되고 있으니 많은 것도 신통치 않다는 것이다.

이런 저런 의미망을 수용하고 포용하며 시인은 이 시를 썼을 것이다. 그렇기에 개구멍처럼 바람구멍이 되어버린 거미줄의 사회현실은 무직자의 세상인지 공동(空洞)의 정치현상인지 우리의 생각을 촉구하고 있다 할 것이다. 단순한 현상묘사인 듯 하면서 자극적 사상체계를 촉발하는 시의 공법은 환유(metonymy)적 의미나 상징적 의미 또는 주제 관련의 시심을 확산시키는데 좋은 역할을 할 것이고 그래서 좋은 시로 읽을 수 있을 것이다.

뒤뚱뒤뚱 배불뚝이가 뛰고
홀쭉한 멸치가 뛰다가
그만 나동그라진
배불뚝이
멸치가 손 내밀었지만
뿌리쳤다
공은 저만큼 가고
터져 나오는 웃음보따리에
물결치는 박수와 야유

-「운동장에서」전문

이 시는 운동장에서의 아이들의 공놀이를 묘사한 비교적 단순한 내용으로 동시 성향의 작품이다. 그러나 시심은 그렇게 단순한 것이 아니다. 먼저 등장인물을 막연한 아이들이나 어떤 이름 대신 '배불뚝이'와 '멸치'를 등장시켰다. 뚱뚱한 아이와 홀쭉한 아이의 대비를 통해 이질적 모습의 다른 아이가 함께 놀 수 있다는 순수의 세계를 제시했다는 생각을 갖게 한다.

뛰다가 배불뚝이가 나동그라지고(뒤로 물러가면서 넘어져 구르고) 멸치가 미안한 마음으로 손을 내밀었지만 거절당하고 말았다. 공은 공대로 저만큼 물러갔지만 뒤에 남은 것은 웃음과 박수와 야유다.

공놀이를 하다가 넘어져 삐치거나, 삐죽대거나, 용서를 빈다거나, 뿌리친다거나, 그런 감정이 오래 지속되지 않고 쉽게 풀릴 수 있다는 가능성의 세계는 웃음 보따리 속에 있을 것이다. 빈정거림이나 놀림과 같은 야유의 감정도 웃음으로 와해될 수 있다는 암시까지도 챙길 수 있을 것이다. 그 이상 시인은 말이 없지만, 단순한 아이들의 공놀이 현장에 어른을 투입해 보면 어떨까? 독자의 생각을 촉구해볼 만한 것이다.

애써 가꾸는 고수부지 잔디밭에
야금야금 발 들여놓은 토끼
이젠 아예 토끼풀밭
촘촘하니 빈틈없는
그물 같은 잔디도
속수무책 당하고

점령군의 깃발처럼 꽃 피운
네 잎 행운추첨에
또랑또랑한 토끼 수많은 눈동자.

-「토끼풀」전문

토끼풀은 클로버(clover)의 이칭이다. 반지꽃이라고도 한다. 행운 · 평화 · 너와 더불어 등의 꽃말을 지니고 있으며 네 잎 잎새는 소망 · 신앙 · 사랑 · 행복을 상징하며 아일랜드 국화로도 잘 알려져 있다. 이 토끼풀은 나폴레옹의 일화에서도 유명세를 올리고 있다. 그가 젊은 포병 장교로 싸움터에 있을 때의 일이다. 문득 발밑에서 네 잎짜리 토끼풀을 발견한다. 아직까지 네 잎 달린 토끼풀을 본 일이 없었으므로 신기해서 그 잎을 따려고 엎드렸다. 바로 그때 적의 총탄이 머리위를 지나갔다. 위험했던 목숨이 네 잎 클로버 때문에 구원을 받게 되었고 이 구원에 힘입어 뒷날 왕위에 오르게 되었다. 결국 클로버는 행운이란 꽃말을 가지게 되었다.

이처럼 토끼풀은 우리에게 좋은 이미지로 그려져 왔다. 그러나 잔디에겐 천적이다. 속수무책 당하기 마련이고 목숨을 잃는다. 점령군의 깃발처럼 꽃피우고 또랑또랑한 수많은 토끼의 눈동자를 연상케 한다. 그래서 고수부지 같이 애써 가꾸는 잔디밭을 위해선 인력을 동원하여 토끼풀을 뽑아내야 한다. 보통 힘든 일이 아닌 것이며, 특별한 대책을 요구받는 일이다. 이런 일을 해본 사람에겐 클로버는 불운이며, 전쟁이며, 너를 저주하며…등의 꽃말이 다시 새겨질 수도 있을 것이다. 전통과 마주치는 현실의 토끼풀의 현상을 보며 그 현상의 비등한 펄럭임과 보호영역도 허물어진 채 속수무책 당하고 마는 잔디의 처절함 사이에 놓여있는 시인의 시심을 들여다보지 않으면 안될 것이다.

자연현상을 통한 현실인식의 깊이는 사물을 관찰하고 탐구하는 힘에 의한 것이다. 그 힘 때문에 토끼풀에 대한 함축의 의미도 다시 쓰여질 수 있을 것이다.

한 방울 힘없어 보이던 빗방울도
한데 어울리면서 들떴는지
군중심리의 표본처럼
요란스런 모습
시끄러운 소리에 돌출행동
닥치는 대로 홅아대고
겁 없이 휩쓸며
검붉은 혹은 흙빛 가면까지 쓰고
광란의 시위대 저 도도함.

-「소나기」전문

소나기를 생각하면 후둑이는 소리가 들린다. 뚜닥이는 소리가 들린다. 우레 뒤로 세상을 휩쓰는 소리가 들린다. 주름잡듯 휘갈기는 소리가 들린다. 밀고 밀리고 몰고 몰리는 소리가 들린다. 천병만마를 풀어놓은 듯한 소리도 들린다. 땅이 푹 꺼질 듯한 두려운 소리도 들린다. 봉천답(奉天畓)은 좋아할 것이다.

크게 박수를 칠 것이다.

주관적 응답의 소리를 연상해 보았지만 시인이 그린 소나기는 한마디로 시위대이다. 흙빛 가면까지 쓴 광란의 시위대이며 시위대의 저 도도함이다.

군중심리의 표본 - 요란스런 모습 - 돌출행동 - 핥아대고 휩쓰는 행동, 그것이 시에 나타난 대표적인 것이다. 그러나 시위대의 행동을 부정적으로 보느냐 긍정적으로 보느냐 그것이 문제가 아니고 소나기를 우리 현실의 시위대로 파악했다는 것이 시인으로서의 우월한 상상 능력임을 전해주는 것이다. 그런 관찰 속에는 은유나 암시, 환유나 상징 같은 시의 비유체제가 번뜩이고 있기 때문인 것이다.

때로는 성난 몸짓으로 달려들고
때로는 어루만지듯 부드러운 손길로
갯바위에 부서지는 파도
금세 미안하다는 듯
하루에도 수없이
하얀 속살을 미소처럼 내보인다
외로움이 외로움 만나면
더는 외로움이 아닌
이젠 떨어질 수 없는 연인

- 「연인」 전문

「연인」 또한 비유의 긍정세계를 활보할 수 있는 작품이다. A=B라는 메타포인데 '갯바위와 파도=연인'이라는 것이다. 부서지는 몸짓과 하얀 속살 같은 미소는 강렬한 사랑의 표현으로 드러난 것이며 더욱 의미의 성과를 거둔 것은 외로움끼리의 만남이 연인으로 승화된 것이라 할 수 있다. 천륜의 관계라 할지라도 외로움이나 소외감을 떨쳐버릴 수 없는 현실적 감정을 앞세운다면 이 시의 공감력은 더욱 확대될 수 있을 것이다.

갯바위와 파도의 관계를 서로 부딪치는 입장이나 갈등의 현상으로 보지 않고 긍정의 상보관계로 본 시심이 성과의 결실이라 생각할 수도 있을 것이다.

III

시인이 이 시집에서 무게중심을 두고 있는 것은 '섬'이며 섬과 바다의 관계인 듯싶다. 「섬은 섬을 말하지 않는다」는 시집 표제로 뽑은 시부터 섬과 바다에 관한 시편들이 주류를 이루고 있기 때문이다. 섬과 바다에 관한 시를 쓰지 않은 시인이 거의 없을 것이라는 전제를 해본다면 이 소재는 호감을 주는 것이지만 다루기가 그렇게 쉽지 않을 것이라는 또다른 생각을 안겨주기도 한다.

① 너른 품안에 수많은 생명 안고
바다는 쉬 잠들지 않는다. 아니 잠들 수 없다
섬은 바다가 있는 한 혼자가 아니기에 서로 끌안고
토라질 줄 몰라 늘 같이 있어도
섬은 바다를 바다는 섬을 말하지 않는다.

-「섬은 섬을 말하지 않는다」끝 부분

② 너른 품에 안겨 둥둥 떠 있는 듯싶은 섬
바다에 잠시 쉼표를 찍는 듯싶은 섬
　　　　· · · · · ·
섬은 바다가 자랑스러워 떠나질 못한다
-「섬은 바다를 떠나지 못한다」부분

③ 하얗게 일어서는 포말
일렁거리는 물결
풀릴 듯이 풀리지 않는
난해한 암호전문
고운 모래톱에 찍힌 자국들
-「수화하는 바다」부분

④ 넘쳐나면 억제하고
부족하면 견뎌내어
달빛은 달빛대로 받아들이고
바람은 바람대로 흘려보내며
흉내 낼 수 없는
본능적 어미의 가슴으로
끊임없이 자신을 토닥거리고 있다
-「변함없는 바다」후반부

⑤ 책상머리 편안히 앉아서
입만 나풀나풀 국방의 의무가 어떻고 지껄이는
병역비리 역겨움 쪽빛에 씻어내며
성난 물결로 바위라도 후려치고 싶은 마음
꾹꾹 눌러 수평선 너머 흘려보낸다
-「해안초소」부분

경험은 대개 감각을 통해서 온다. 바다를 보고 섬을 보고 바다와 섬의 관계를 그려본 시인의 경험은 부분적으로는 시인이 느끼는 어떤 감정과 시인이 생각하는 어떤 사고로 구성될 것이다. 그러나 경험의 대부분은 감각인상(sense impression)의 한 총체이다. 시인은 그가 경험한 감각인상 중 독특하게 선별한 것을 제시해야 한다. 그러므로 시인의 언어는 일상언어보다 감각적이어야 하며 감각과 동반된 정서를 환기시켜야 한다.

시인이 환기한 정서를 통해 암시된 사고의 영역을 살핀다면 예시 ①에서는 광활한 아가페(agape)를 ②에서는 운명론을 ③에서는 신비성을 ④에서는 모성애를 찾을 수 있을 것이고 ⑤에서는 현실인식의 참담한 모습을 찾을 수 있을 것이다.

> 바위에 다닥다닥 붙어서
> 굴은 굴끼리
> 바다만을 먹고 자란다
> 파도소리 들으며
> 잠들고 깬다
> 바다가 심술나면
> 더 힘껏 바윌 끌안고
> 납작 엎드려
> 물 흐름 귀 기울여 듣는다.
>
> -「석굴」전문

이 시는 바다에서 석굴이 살아가는 모습을 생생하게 보여준다. 어떤 암시도 비유도 장치하지 않고 석굴의 생동적 삶의 양

태만이 드러날 뿐이다. 감각경험의 상상으로 표현되는 이미지를 통하여 우리의 감각에 간접적으로 호소하는 것이다. 이미지는 마음의 눈으로 보는 어떤 것, 곧 심상(mental picture)인데 시의 회화성과 맥을 같이 하는 말일 것이다.

이와 같이 시인은 정서의 환기, 사고의 확대, 효과적 이미지 전달 등 시창작의 의의를 상승시키고 있다.

제4부 「개불알꽃」에 나오는 시편들에서는 강렬하게 빛나는 순수의 웃음과 신비한 세상을 읽는 손주 사랑의 인간정서가 실감나게 펼쳐지고 있다. 참으로 맑은 햇살 같은, 가족사랑의 시심에 마음을 실어볼 만한 것이다.

IV

이상 박종국 시인의 제19시집 『섬은 섬을 말하지 않는다』에 수록되는 시편들을 살펴보았다. 「거미줄」에서 자극적 사상체계를 촉발하는 시의 공법을 보았고 「운동장에서」는 아이들의 공놀이 현장에 어른을 투입해 볼 수 있는 암시의 세계를 더듬었다. 「토끼풀」에서는 자연현상을 통한 현실인식의 깊이를 가늠했고 「소나기」에서는 시의 비유체제가 번뜩이는 것을 살폈으며 「연인」에서는 외로움끼리의 만남이 애정으로 승화된 공감력을 읽었다.

섬과 바다가 있는 시편들에선 정서의 환기, 사고의 확대, 효과적 이미지 전달 등 심상의 내면세계를 잘 보여준다. 시작과정에서 시인이 기본적으로 투사해야할 중심의도를 말하지 않고도 그 의도를 호소하고 있는 함축적 의미가 그의 시에 장치되어 있다는 것은 그를 좋은 시인이게 하는 강점이 될 것이다.

진부하고 선입견에 젖은 사고나 느낌의 한계를 훨씬 벗어나 진정한 탁월성을 드러내고 독자들의 신선한 반응을 불러일으킬 수 있는 시를 거듭 기대하며 축하의 뜻을 함께 글로 남긴다.

▣ 시인의 약력

* 충남 아산시 송악면 외암리 출생

* 월간 문예사조 詩등단
* 계간 오늘의문학 隨筆등단

* 세무사 시험 (제18회) 합격
* 공인중개사 시험 (제1회) 합격

* 시집
  - 01집 : 고장난 시간들
  - 02집 : 내 마음에 그물질하는 사람아
  - 03집 : 그리움 놓고 가면
  - 04집 : 나는 그대 얼굴로 그대는 내 얼굴로
  - 05집 : 사랑 365
  - 06집 : 다시 사랑 365
  - 07집 : 또다시 사랑 365
  - 08집 : 백령도에 비가 내린다.上
  - 09집 : 백령도에 비가 내린다.下
  - 10집 : 6월, 그날의 함성
  - 11집 : 땀으로 씻어낸 지리산
  - 12집 : 야릇한 돼지의 미소
  - 13집 : 천지에 발 담그고
  - 14집 : 개미 비상 걸기
  - 15집 : 그대는 산에 가면 산이 되는가
  - 16집 : 박종국 16 시집
  - 17집 : 버드내 풍경
  - 18집 : 고기 굽는 마을
  - 19집 : 섬은 섬을 말하지 않는다

* 수필집
  - 01집 : 남산공원 맹꽁이
  - 02집 : 버드내 초록마을

· 03집 : 향기가 묻어나는 풍경
· 04집 : 거미줄에 걸린 날
· 05집 : 백두대간

* 문학관련 회원
· 한국문인협회 문단정화위원
· 대전문인협회 감사
· 뜨락문학회 회장
· 아산문인협회 회원
· 한국수필가협회 회원
· 대전.충남수필문학회 회원
· 문학사랑협의회 회원
· 대전문인총연합회 회원
· 한국공무원문학협회 감사

* 문학관련 수상
· 월간 문예사조 신인상(詩)
· 계간 오늘의문학 신인상(隨筆)
· 행정자치부장관상(隨筆)
· 국세청장상(詩)
· 대전광역시장상(詩)
· 인터넷문학상(詩)
· 대전문학상(詩)
· 옥로문학상(詩.隨筆)

* 기타
· 대전지방국세청 학생세금문예작품 글짓기 심사위원
 - 대전.충남.충북 초.중.고등학생 (2005~2011년)
· 대전 디딤돌산악회 회장
 - 백두대간(지리산 천왕봉 - 금강산 향로봉)종주